JULES GAUTIER

SOCIÉTÉ

ET

MISÈRE

Une nation en révolution est
comme l'airain qui bout et se
régénère dans le creuset.

DANTON.

1893

TYPOGRAPHIE

EDMOND MONNOYER

LE MANS (SARTHE)

JULES GAUTIER

SOCIÉTÉ

ET

MISÈRE

Une nation en révolution est
comme l'airain qui bout et se
régénère dans le creuset.

DANTON.

1893

SOCIÉTÉ

La loi générale du mouvement nous montre que les êtres ont une origine, une apogée, une fin.

Si notre terre a commencé, notre espèce a eu conséquemment aussi : son premier jour sur elle.

Comment cette apparition de l'homme sur la terre a-t-elle eu lieu ?

Voilà un mystère que la science n'a pas encore percé et auquel seules ont répondu les révélations religieuses. Mais la science et l'histoire naturelle ne s'accommodent point de leur raison. Après tout, que nous importe que nous ayons eu comme facteur une gorille ou une croqueuse de pommes.

Quoi qu'il en soit, il a dû se faire que dans ces temps reculés, où l'homme, confondu avec le restant de l'animalité, ne possédait pour toute arme que ses instincts avec le besoin de vivre et de se reproduire et n'avait qu'un cerveau rudimentaire où s'imprimait bien lentement chaque progrès acquis, il a pu se faire, que dans ce temps « la lutte pour l'existence » ait été une cause de progrès, et, ce facteur du progrès trouvé, cela nous expliquerait au besoin pourquoi cette inferiorité chez les premières sociétés humaines fut, dès la naissance, un moyen pour les plus forts d'exploiter les plus faibles.

Mais aujourd'hui que l'homme est un être conscient, aujourd'hui qu'il compare et raisonne et que pour transmettre à ses descendants ses connaissances et ses découvertes, il possède un langage parlé et écrit, doit-il continuer à être ainsi ? Évidemment non, et la nature offre assez de difficultés par elle-même pour que l'humanité entière n'ait pas trop de toutes ses forces, dirigées contre les difficultés naturelles, pour pouvoir y trouver les éléments d'une lutte plus avantageuse sans avoir besoin de se déchirer elle-même.

Sans aborder l'analyse des facultés humaines, on peut dire que l'être humain se compose de trois sphères distinctes au moyen desquelles il sent, aime et pense. Tous les actes de la vie se trouvent effectivement compris dans ces trois opérations. La combinaison bien équilibrée des penchants, des sentiments et de l'intelligence, constitue la perfection relative de l'organisme cérébral et donnerait les meilleurs résultats possibles, dans

un milieu favorable à la libre expression des facultés que la nature a mises
en nous.

Le besoin impérieux pour l'homme
de jouir dans toutes ses facultés et de
perfectionner de plus en plus les objets
de ces jouissances, indique tout d'abord
la destinée générale de l'humanité qui
ne peut qu'être d'établir sur son globe,
la beauté, l'abondance, et le bonheur.

L'influence de toute société est immense sur l'individu qui naît dans son
sein, puisqu'il suce avec le lait ses prin-
cipes, ses ouvrages et même ses pré-
jugés. Cette transmission des connaissances et des progrès acquis est
le lien de solidarité de toutes les généra-
rations entre elles et ce qui prouve
l'unité de l'espèce dans le temps. Les
institutions d'un pays, sa position géo-
graphique, sa situation industrielle, son
histoire, sont autant de causes qui ser-

vent à déterminer ou à modifier le caractère d'un peuple. Le caractère auquel tous participent plus ou moins change lui-même selon les âges et les événements, et l'on voit une nation s'élever ou descendre, suivant les circonstances qui se produisent dans le cours de sa vie.

La vérité et l'ordre dans les sociétés, sont indispensables pour la santé, pour le jeu régulier et la manifestation des facultés humaines. Dès que l'exercice légitime de quelques-unes de ces facultés se trouve entravé par suite de l'imperfection sociale, dès que ceux qui naissent dans de mauvaises conditions doivent étouffer telles de leurs passions, la pertubation ne tarde pas à éclater en eux et à se manifester plus tard, soit en leur personne, soit en celles de leurs enfants, par des difformités correspondantes.

Ce que nous disons là paraîtra peut-être fort étrange à plusieurs esprits. Rien n'est pourtant plus exact. Essayons d'en donner la démonstration. Chaque état social repose plus particulièrement sur un principe et surexcite plus particulièrement aussi, en conséquence, telles ou telles facultés chez ceux dont il règle l'existence politique. Notre société française, par exemple, en réservant tous les droits et toutes les faveurs à la propriété, en attachant presque exclusivement la considération à l'argent, en n'accordant aucune aide, aucune attention même à ceux qui vivent dans la misère, tend nécessairement à faire prendre des proportions monstreuses au sentiment de la cupidité.

Dans un pareil état de choses, le désir d'acquérir et de posséder doit nécessairement dégénérer en fièvre ardente. La possession, la richesse, ou même simplement l'aisance, c'est, en effet, le plaisir, la sécurité, la gloire, le bonheur, la vie; tandis que la pauvreté est l'impuissance, l'humiliation et la la mort.

L'argent est, dans notre monde, plus puissant que leur Dieu, car il fait passer du néant à la vie. Tel qui ne possédait rien hier et qui n'inspirait que du dédain, parce qu'il n'avait ni terres ni forêts, fait aujourd'hui autorité, est écouté comme un oracle, recherché comme un personnage important. D'où vient cette métamorphose? D'un simple fait matériel : un héritage lui est tombé des nues. A défaut d'esprit et d'éminentes qualités, son père lui a laissé un nom et beaucoup d'écus, il a terres et châteaux, et n'attend plus qu'une vacance pour entrer au Luxembourg ou ailleurs.

Quant à vous, électeurs, il y a bien

aussi de votre faute. Choisissez donc des hommes de principe et non d'ambition. Que la Chambre ne soit pas un bureau de placement, mais un lieu d'étude.

Il est vrai que maintenant au moment de l'Élection, on se combat de plus en plus à coups de billets de banque.

Je préférerais tous les noms des candidats dans un chapeau. Nos paysans dans leur langage ont trouvé l'expression juste. Ils ne disent pas d'un député qu'il est élu, mais qu'il est sorti. Précisément comme un billet de loterie.

Voilà où conduit la bêtise humaine.

Le fils de famille qui se conduirait comme le font les gouvernements des nations les plus civilisées de l'Europe serait mis en interdit, condamné, suivant les juges, mais assurément ne serait considéré par personne comme jouissant du plein exercice de sa raison.

Est-ce le crime ou la folie qui domine ? Les deux s'unissent pour se partager le monde.

Il est vrai que quand on appartient à une humanité dans laquelle chaque nation s'honore de posséder à sa tête un « ministre de la Guerre », sans même s'apercevoir de l'infamie d'un pareil titre, il serait peut-être un peu naïf d'essayer d'y parler raison.

Comment veut-on dans une société où tout repose sur l'argent et où la difficulté d'arriver à la propriété est extrême, que la cupidité ne devienne pas frénétique et qu'elle ne gouverne pas les esprits ? Comment veut-on, quand la fortune fait seule la valeur des hommes et leur ouvre toutes les issues, qu'on ne se livre pas à toutes les transactions honteuses pour se la procurer ?

Zola a pu dire avec raison :

« Ah ! l'argent, cet argen pourrisseur,

empoisonneur, qui dessèche les âmes en chassant la bonté, la tendresse, l'amour des autres !

« Lui seul est le grand coupable, l'entremetteur de toutes les cruautés et de toutes les saletés humaines. »

La direction forcée que prennent nos facultés dans le milieu actuel, jette dans une pertubation analogue la plupart des organismes cérébraux.

Le physique subit fatalement l'influence du moral et se dégrade insensiblement sous son action continue. Cette dégénérescence se transmet ensuite des pères aux enfants, et c'est là ce qui explique la déplorable organisation que ces derniers apportent souvent en naissant et qu'ils doivent conserver nécessairement toute leur vie. Qu'on s'étonne donc de voir un si grand nombre de têtes mal faites, de trouver chez les nouveau-nés un développement si considérable des facultés latérales !

Les générations de l'époque ne sont-elles pas filles de la ruse et de la possession ?

Notre régime social a d'admirables ressources pour déformer l'homme dans son moral et dans son physique.

Dès qu'un pauvre mortel a subi pendant quelques années l'exercice d'un état quelconque, c'en est fait, il est marqué d'un cachet ineffacable, à moins d'être coulé en bronze ou en acier. Portez donc, par exemple, le sac noir du curé ou du magistrat, sans en porter également le caractère jusqu'à vos derniers jours.

Il y a d'ailleurs de certaines professions qui ne sont embrassées que faute d'en pouvoir choisir d'autres. Combien de bonnes gens de campagne font de leurs fils des prêtres, pour ne pas les laisser à la charrue. L'origine rustique de ces pauvres séminaristes, l'imperfection organique de la plupart de leurs parents, l'éducation compressive et abrutissante qu'ils reçoivent, en font une classe disgraciée sous tous les rapports.

Chez les anciens, on choisissait les ministres de Dieu. Hélas ! Cette coutume, il faut le croire, est impossible aujourd'hui.

L'Église est obligée de se contenter de ceux qui se présentent, et, en vérité, on ne saurait lui faire compliment de sa richesse en personnel.

La religiosité marque le déclin des individus. Chose curieuse, elle semble marquer aussi la fin des partis et des institutions.

Voyez en France le bonapartisme : tant qu'il s'est posé en ennemi de la calotte, il a été populaire.

Aujourd'hui qu'il se confond avec le cléricalisme, il se meurt et n'est plus à redouter.

La religiosité marque aussi la décadence des diverses classes d'une société. C'est ainsi que les anciennes classes dirigeantes et voltairiennes sous le règne de Louis-Philippe et qui sont aujourd'hui en pleine décadence intellectuelle et morale, sont redevenues religieuses en même temps qu'elles devenaient imbéciles.

Parlerons nous de ce qui se passe dans les couvents et de la façon dont les moines se traitent les uns les autres ? « Un des plus horribles abus de l'état monastique, dit Voltaire, c'est la licence que les Supérieurs des couvents se donnent d'exercer la justice et d'être chez eux lieutenants criminels ; ils enferment pour toujours dans des cachots souterrains ceux dont ils sont mécontents ou dont ils se défient. Il y en a mille exemples en Italie, en Espagne, il y en a eu en France ; c'est ce que, dans le jargon des moines, ils appellent être « *in pace* ».

Les prisons pontificales vidées en 1870, révélèrent des faits non moins horribles. On se rappelle la découverte, faite en 1869, dans le couvent des Carmélites de Cracovie, d'une religieuse nommée Ubryk, qui, pour avoir essayé de s'évader du couvent, fut enfermée et maintenue pendant vingt et un ans, nue et enchaînée, dans une cellule souterraine complètement obscure, étroite et infecte. Depuis longtemps devenue folle, l'infortunée y serait restée jusqu'à sa mort sans l'indiscrétion d'un moine dont les propos furent révélés à la justice. Le moine mourut subitement dès le lendemain, empoisonné, dit-on.

Quelle jolie société que ces bonnes sœurs!

Ces petites vierges avec leur plus parfait mépris pour la race humaine, qui commet le crime de faire des enfants.

Avec leur moral elles vous conseilleraient de vous extirper les organes diaboliques où couvent la race et le satanisme.

Comme Mme Marie Huot quand elle dit :

« Car qui donne la vie donne la mort! »

Enfin la morale des religieux, basée sur la crainte des châtiments ou sur l'espoir des récompenses, c'est-à-dire sur l'intérêt exclusif, est égoïste, primitive, bestiale et de beaucoup inférieure à la morale humaine qui nous pousse à faire le bien d'une façon tout à fait désintéressée.

Il y a des natures plus maniables qui

deviennent parfois mystiques, sans cesser de sacrifier à Vénus et à Bacchus, elles adorent Marie et Jésus et mènent de front les cultes païen et chrétien.

Les sociétés humaines, reposant, depuis leur origine, sur une fausse science de l'homme, n'ont dû avoir nécessairement que des institutions de convention et plus ou moins éloignées de la nature.

Mais l'homme ne peut vivre isolément et ne peut obtenir le bien-être que par la solidarité. Que le Code des nations serait court si on le conformait rigoureusement à celui de la nature! Combien de vices épargnés à l'homme!

Mais la société, elle aussi, a voulu faire ses lois et, chose curieuse, la seule chose qui n'exige pas d'apprentissage, c'est de faire des lois pour la nation. Aussi les gouvernements se moquent-ils effrontément des gouvernés, quand ils leur disent que « tous les citoyens sont égaux devant la loi ».

Mais il y a plus, c'est principalement des lois que provient l'inégalité. N'est-ce pas, en effet, la loi qui fait parmi les hommes, dès la naissance, des riches et des pauvres en mettant dans le berceau des uns la fortune, et dans celui des autres la misère ? Ne dirait-on pas une espèce de consécration civile de la théorie religieuse du péché originel ?

Après tout, puisque l'homme a fait ces lois, il a pu faire celle du riche et celle du pauvre.

Voyez un déshérité devant un tribunal de police correctionnelle, abandonné, sans amis, sans aide matérielle, en lutte quotidienne contre les épouvantables exigences de la vie, qui, dans un moment d'extrême nécessité, a détourné une somme minime; il aura beau invoquer l'affreuse misère et plaider les circonstances atténuantes en ces termes navrants: « J'avais une femme et un enfant malade; il me manquait le premier sou pour payer le médecin et acheter des remèdes; j'ai perdu la tête, et j'ai gardé 20 francs sur un encaissement dont j'étais chargé, avec l'espoir que je pourrais remplacer cette somme avant d'être obligé de rendre mes comptes à mon patron. »

Pour celui-là pas d'indulgence; mais la prison, le déshonneur.

Qu'au contraire un joli jeune homme, gracieusement et cyniquement, débite cette petite histoire :

« J'avais projeté une partie de plaisir et mes parents me refusaient la somme nécessaire; alors je me suis décidé à ouvrir le tiroir de mon patron et j'ai pris un billet de mille francs. J'étais sûr, du reste, que papa rembourserait.. »

Le juge l'interrompra pour lui dire :

— Votre père a remboursé, c'est très

bien ; vous êtes libre et votre honneur n'a pas une souillure. Voilà l'excuse de la richesse...

Mais le pauvre diable qui est dans les griffes de la justice ressemble à un de ces blessés, tombés sur la route et que recouvrent immédiatement tous les oiseaux de proie des environs ; les uns mangent les yeux, les autres le ventre et en un clin d'œil, voilà un squelette. La foudre, qui vient de s'amuser à dépouiller un berger de ses vêtements et à le mettre tout nu, n'est rien auprès du code.

On ne dirait jamais que nous jouissons des cent soixante-dix-huit mille lois, sans compter les décrets, arrêtés et ordonnances, que chacun doit connaître mais que tout le monde ignore ; c'est peut-être suffisant pour une nation seule. Le tout contenu dans de gros volumes bleus, que Montesquieu connaissait bien car il pensait qu'il fallait dare-dare gagner la frontière lorsqu'on était accusé d'avoir mis les tours Notre-Dame dans sa poche.

Je sais bien qu'en médecine on dit que mieux vaut prévenir que guérir, et Toinette n'hésite pas à conseiller de se priver d'un œil, pour que l'autre y voie plus clair.

Trop de lois. Le grand écrivain russe, Léon Tolstoï, que tout le monde prend pour un fou, parce qu'il conforme sa conduite à ses convictions, ce que les hommes ne sauraient comprendre, ni excuser, a dit quelque part cette grande vérité que l'idéal social n'est pas, comme le croient beaucoup de socialistes, de multiplier les lois, mais de supprimer les lois qui sont la grande cause du mal dans l'humanité.

Elles produisent les fonctionnaires, qui sont une espèce fâcheuse. Elles produisent surtout l'habitude de compter sur elles, tandis qu'il n'y a de bonheur

solide que celui qu'on se fait à soi-
même. Et, en attendant qu'on puisse
supprimer les lois, il faut que chacun
essaie de s'en passer, dans la mesure du
possible. Les compagnons n'ont peut-
être point tort, qui licencieraient magis-
trats, procureurs, etc., et transforme-
raient tous les palais de justice en
fourneaux économiques. Peut-être vont-
ils un peu loin et serait-il provisoire-
ment utile de garder quelques gendar-
mes, à cause des gens qui ont pris le
goût d'assassiner leur prochain. Ils se
mêlent là d'affaires qui, généralement,
ne les regardent pas du tout, aussi est-
il bon de conduire ces détraqués non
en prison mais au chaponnage, moyen
sûr de les guérir, de les rendre doux,
serviables et dans l'impossibilité de reproduire leur race.

Mais il faut bien le dire, ce ne sont
pas vos réformes de quatre sous qui

amélioreront la situation. Vous ne ferez rien de bon tant que vous ne commencerez pas par le commencement, autrement dit, tant que vous ne conviendrez pas qu'il faut tout jeter par terre, et rétablir autre chose.

C'est à cette majorité faite d'ignorance, d'habitudes de domesticité, de traditions d'obéissance léguées par les siècles de monarchie, c'est à cette majorité qu'on doit le parlement actuel. Que voulons-nous ? La Liberté, l'Égalité, la *Justice* ; rien de plus, rien de moins. Or, c'est la Liberté pour les curés de dire la messe et pour vous de n'y pas aller ; d'être chrétien ou athée ; c'est la liberté de dire ce qu'on veut, et de faire ce qui vous plaît, pourvu que vous ne portiez pas atteinte à la liberté égale d'un autre citoyen.

Dans ce dernier cas, des tribunaux sont là pour vous juger ; mais dans aucun cas, une administration quelconque n'est compétente pour vous punir. Dans la société actuelle, toute autorité s'exerce de maître à esclave suivant une série logique : d'un côté l'adoration, de l'autre le mépris, ici le commandement, là l'obéissance.

Depuis Jacob on n'a rien trouvé de mieux pour éduquer les générations.

Ce qui a permis aux philosophes de regarder l'homme comme l'animal le plus bête de la création.

MISÈRE

Les crimes, les maladies et l'abrutissement sont les portes par où s'écoule la misère.

Destinée douloureuse (1).

— Que fais-tu, laboureur ?

— Je me lève à l'aube, quand les coqs chantent les dernières veilles ; qu'on aperçoit à peine les coteaux à l'horizon. Je joins mes grands bœufs roux et je vais labourer la terre durcie par l'été torride. Mes pieds calleux se déchirent et saignent sur les chaumes tranchants. Sur les sillons péniblement

(1) J. Maubourg.

tracés, au fond desquels dorment les fumiers épandus et enfouis, je jette le blé, l'avoine, l'orge, le seigle. Quand vient l'hiver, que la bise glaciale cingle la figure, gerce et crevasse mes mains noueuses comme le tronc d'un vieil érable, je taille la vigne. Toujours dans les champs, depuis l'hiver qui dénude plaines et coteaux jusqu'à l'été qui les couvre de moissons ; depuis l'été jusqu'à l'hiver, depuis l'aube blanche jusqu'à la nuit noire, je travaille et peine sans cesse. Je mange du pain noir et du porc salé. Quelquefois, rarement, les jours de fête, un peu de viande.

— Où vas-tu ?

— A la ruine ! Le phylloxéra a dévoré mes vignes, et le blé que je suis obligé de vendre à trop bas prix, il me faut le racheter trop cher.

Mes champs sont couverts d'hypothèques ; je suis traqué par mes créanciers, parfois aussi malheureux que moi ; par le percepteur qui réclame les impôts que je ne puis plus payer.

Je vais à la ruine, à la misère, après avoir toujours travaillé !

*
* *

— Que fais tu, ouvrier du faubourg ?

— Ce que je fais ? Le ciel est encore tout noir quand, à la hâte, je revêts de pauvres vêtements mon corps brisé par la fatigue. Avec ma femme, je descends vers la grande ville, confondu dans le troupeau des tôt-levés aux bras ballants, à la démarche lourde, qui courent s'engouffrer dans l'atelier, où stride le sifflet de la machine bien graissée, bien soignée, bien nourrie de houille grasse.

Du matin au soir, je turbine dur et longtemps pour un maigre salaire. Encore ce temps de fatigue est-il mon

temps le plus heureux. Quand le chômage me vomit sur la rue, je crève de
faim et j'entends la femme et les enfants
demander du pain.

— Où vas-tu ?

A la vieillesse misérable. Le salaire
me donne à peine le pain quotidien.
Durant les jours de chômage, je vais
« au clou » engager la montre d'argent, les frusques, la courtepointe. Je
vais aussi parfois, le cœur gros, conduire au cimetière l'enfant mort de la
fièvre de famine.

Je vais où vont les travailleurs comme moi, à la misère, après avoir toujours turbiné.

*
* *

— Que fais-tu, petite ouvrière, frêle
trotin, mignonne couturière, aux grands
yeux, à la pupille dilatée par l'anémie,
aux frisons bruns ou dorés qui auréolent

ton museau chiffonné, pâli par la chlo-
rose ?

— Ce que je fais ? Comme mon ca-
marade, mon amoureux, mon frère,mon
père, je cours vers le Paris du centre,
qui rit, qui bruit, qui resplendit ; à la
hâte, quand l'aube s'éveille, j'ai chaussé
mes bottines éculées, passé ma robe
faite de coupons à neuf sous le mètre,
coquettement drapée, vieille et cepen-
dant toujours à la mode dernière. J'ai
ajusté sur mon casque de cheveux mu-
tins le chapeau confectionné durant les
heures oisives du dimanche. Je vais, je
trottine vers l'atelier. Là, durant douze,
quatorze heures sans soleil et sans air,
mes petites mains vont, tirant l'aiguille,
drapant les soyeuses étoffes, tournant
la tige des fleurs artificielles aux corolles
brillantes, brunissant l'or et l'argent,
faisant tourner le volant de la machine
qui lentement me tue. A midi, le soir,

2*

les repas hâtifs et maigres qui ne font pas de sang rouge.

— Où vas-tu ?

— Où je vais ? A travers les rues et les boulevards ruisselants de lumière, après la rude journée de labeur, avec mes compagnes, je vais rieuse ou triste, poursuivie, obsédée par des jeunes et des vieux qui me font des offres, de tentantes propositions. Je vais en hâte vers le faubourg, vers la mansarde. Et notre troupe s'égrène, hélas ! Aux jours de chômage, les unes vont à l'hôpital cracher leurs poumons et dormir sur la table de dissection ; d'autres s'en vont à l'hôtel garni... Qui sait où ?....

Où je vais ? Où nous allons, filles d'ouvriers ? Quelques-unes au trottoir !... La majorité où vont les camarades : travailler, souffrir ; entendre, aux heures douloureuses, les petiots pleurer.

Où je vais ? Où vont les pauvres comme moi : à la misère, après avoir souffert et travaillé.

*
* *

— Que fais-tu, soldat ?

— Je vis à la caserne et j'entends la rude parole des chefs. Je vais à l'exercice et, comme une passive machine, j'obéis. Je pense tout bas et je parle plus bas encore. Je n'ai pas d'argent et, triste, je rôde dans les rues des villes de garnison. Je manie le fusil qui tue et je regrette l'outil qui fait vivre. Et le clairon du corps de garde qui résonne me rappelle à tout instant que ma volonté est morte.

— Où vas-tu ?

Où je vais ? Où l'on me mène. A l'exercice, à la corvée, à la marche militaire. Au premier signal, à la frontière.

Un soir, peut-être, je serai couché dans
quelques plaine, geignant la fièvre, souf-
frant le martyre, ou étendu, raide, la
face blême plaquée dans une mare san-
glante.

Où je vais, si j'en réchappe? aux
champs, à l'atelier, où sont mes frères,
et comme eux, à la misère, après avoir
souffert et travaillé.

*
* *

— Où allez-vous, vous tous qui n'a-
vez ni terres, ni maisons, ni argent, ni
outils ?

— Où nous allons ? d'où nous venons ?
Au travail, à la misère.

Nous sommes l'immense foule qui
crée tout, produis tout, ne possède rien
ne récolte que la douleur et qui réclame un peu moins de fatigue, un peu
plus de pain.

*
* *

La Traite des enfants. — Il existe un rapport d'où il résulte que, dans les dix dernières années, les agents de police ont arrêté à Paris *dix-huit mille* enfants laissés sur la voie publique avec mission de mendier ou de se prostituer, et au besoin, suivant les circonstances, de faire les deux métiers à la fois.

Songez qu'il s'agit ici d'enfants auquels on impose ce métier; quelquefois ce sont les parents qui, déprimés par l'extrême misère, tombés au dernier degré de l'ignominie, forcent leurs petits de leur rapporter, coûte que coûte, telle somme le soir.

Le plus souvent ce sont des trafiquants de chair humaine.

Qui achètent — pas cher — leurs victimes, pour se livrer ensuite sur elles à l'exploration la plus ignoble. Et cela

se passe à Paris, au dix-neuvième siècle, sous la République !

Mais la loi ? direz-vous.

Nos lois en général ne sont-elles que
des toiles d'araignées qui laissent passer
les gros et n'arrêtent que les petits ?

Quant aux victimes, quant à ces pauvres petits êtres abandonnés aujour-
d'hui à la lubricité publique, il faut, à
tout prix, les recueillir, les défendre, les
élever.

La Femme. — Ravalée par le Code au
niveau des fous, des interdits, des incapa-
bles et des condamnés à des peines afflic-
tives ou infamantes ; supprimée même
complètement par le mariage dans lequel elle est entièrement annihilée, et à
qui l'on fait jurer des serments qu'elle
ne peut pas tenir ; la situation faite à la
femme dans la société bourgeoise est
atroce, avilissante même, et nos compagnes ont grandement raison de ré-

clamer leurs droits, de les revendiquer bien haut.

Au point de vue économique, n'ont-elles pas même plus à souffrir encore ? ne sont-elles pas davantage encore asservies ?

Les chefs d'industrie leur disent crûment qu'elles peuvent trouver dans leur sexe le complément de leur salaire notoirement insuffisant — la femme ouvrière est encore en butte à toutes les obsessions, à toutes les dominations.

Chair à travail ; elle est encore chair à plaisir.

Les têtes chauves demandent au Gouvernement à être protégés contre les femmes, qui excitent les passants et offensent la pudeur par des provocations. Mais il y a aussi de nombreux messieurs qui offensent la pudeur des passantes, en leur adressant des provocations non déguisées.

Leur cas est même, d'autant plus gra-
ve qu'au lieu de demander de l'argent
ils en offrent.

Vous voulez que la femme qui accoste
un homme soit punie, et vous ne de-
mandez pas que l'homme qui accoste
une femme soit puni de même.

Ce n'est pas la Prostitution qui est
gênante, on s'en détourne et l'on passe;
et l'on est assez grand garçon pour sa-
voir à quoi s'en tenir. Ce qui est gênant
et répugnant, c'est l'impossibilité où se
trouve une jeune femme de sortir seule
sans être en butte aux propos malson-
nants du premier imbécile venu.

Il est difficile de faire entendre aux
hommes corrompus de la phase sociale
actuelle que la liberté d'amour, que la
liberté du choix est la première condi-
tion de la dignité de la femme et du
bonheur de l'homme.

L'imagination de ces êtres profondément gangrenés de moralisme et d'hypocrisie, ne veut pas admettre la compatibilité de la liberté amoureuse et de la pudeur, charme suprême du sexe féminin et qui décuple le prix des conquêtes d'amour.

Ces moralistes, qui sont pour la plupart assez vieux et très laids, sont persuadés que si l'on émancipait en ce moment toutes les femmes, ces malheureuses viendraient se jeter à leur cou ! Illusion gratuite et superlativement ridicule !

Après tout, où en serait l'humanité si notre père Adam, le jour ou il rencontra Ève dans un square du Paradis terrestre, au lieu d'accomplir tous ses devoirs s'était tenu sur la réserve ?

Mais Adam était un brave homme, consciencieux et sans façon :

Il a pris Ève toute nue. Et c'est ainsi que le bon Dieu de la légende biblique veut que les beaux garçons prennent les belles filles !

Les catholiques s'agitent contre la dépopulation de la France et notre immoralité croissante. Voilà la vraie raison pour laquelle les naissances, dites légitimes, diminuent de jours en jour, Si on se laisse aller plus facilement à faire quelques enfants naturels, c'est que ceux-ci n'offrent pas le même inconvénient, puisque le plus souvent on abandonne le soin de les nourrir à celle qui les a mis au monde, ce que la loi approuve, ainsi que tous les honnêtes gens.

« Croissez et multipliez, mes petites Misses, ce sera autant de populos pour la patrie. »

En somme c'est une question de variété. L'expérience nous a appris que l'amour n'est pas un sentiment continu, c'est une série de moments.

Il est aussi ridicule de clabauder contre l'adultère qu'il le serait de reprocher à un arbre de porter des fleurs et des fruits; aux corps légers de s'élever dans l'atmosphère; aux corps lourds de retomber à la surface du sol.

Pour ce qui est des enfants nés dans le mariage, il existe une bête de loi qui, les mettant à la charge du mari, il faut bien que celui-ci se résigne à être père. C'est pourquoi il est circonspect.

Aussi, croyons-nous, à l'encontre des moralistes du moyen âge, que la perpétuité de l'espèce ou les satisfactions sexuelles sont du domaine du droit naturel et qu'il n'y a pas besoin de loi pour faire des enfants.

Le mariage n'est qu'un contrat de société entre deux personnes de sexes différents, qui a besoin de certaines conditions d'âge, de consentement, de publicité, pour être valable, mais pour lequel la puissance procréatrice n'est nullement nécessaire. Si la copulation et la reproduction étaient le but du mariage, la loi l'eût interdit aux vieillards.

Or, deux centenaires peuvent légalement contracter mariage. Un homme au lit de mort, bien que certainement incapable d'user du mariage, est apte à le contracter.

Mais l'enfant naturel !...

Il y a beau temps qu'on a fait cette découverte que, lorsqu'un enfant naît, il ne peut pas demander à s'en retourner d'où il vient, sous prétexte qu'il n'a pas l'autorisation de M. le Maire. A supposer que ses parents aient commis une faute en ne demandant pas cette autorisation, il n'y est, lui, pour rien, et un môme en vaut un autre. Cela est tellement clair qu'on s'étonnerait que l'humanité ne l'eût pas vu plus tôt, si l'on ne savait pas qu'il lui a fallu des milliers de siècles pour s'apercevoir qu'entre un roi et un pauvre homme il n'y a qu'une différence de spermatozoïde.

Voilà que la ligue contre l'abus du tabac vient de découvrir que ledit tabac était la cause de la dépopulation de la France ainsi que de notre immoralité croissante.

Il faut à chaque époque un diable, un Satan, un reprouvé. C'est le tabac aujourd'hui qu'on charge des péchés, non seulement d'Israël, mais de la chrétienté.

D'après un rapport de M. Turquan où il dit sérieusement sa pensée sur l'immoralité. Ne cherchez pas ?

La voici :

« Si l'on compare 1,000 enfants légitimes à 1,000 enfants illégitimes confiés aux soins de je ne sais qui et élevés je ne sais comment, on peut admettre, *a priori*, que la mortalité sera plus grande chez ces derniers, et j'ajoute qu'il y a beaucoup de chances pour qu'ils soient moins bons citoyens. et moins bous pères. »

Nous croyons inutile d'insister...

Le Jubilé du tabac (1).

Les papes Urbain VIII et Innocent VI promulguèrent des bulles contre l'usage du tabac, assurant que la bouche du fumeur est une cheminée du diable.

En Orient, le Sultan Murard IV punissait les fumeurs de la peine de mort.

En Russie, on coupait le nez aux priseurs de tabac.

En Perse, on les empalait.

Le tabac joue un rôle dans la mythologie des Peaux-Rouges. Une légende

______

(1) Michel Delines.

indienne affirme que dès le commencement du monde il y avait dans un
Paradis terrestre un jardinier nommé
Kukulkan, qui a planté l'arbre à cacao
et le tabac.

Kukulkan se serait-il jamais douté
que sa plante favorite et son usage de-
viendraient une cause de brigandage,
de dépopulation et d'immoralité ?

Autre grief, celui-ci contre l'alcool :
Oui, l'alcool, disent sérieusement des
savants instruits à l'école de Joseph
Prud'homme, l'alcool est l'abrutisseur
des peuples, il rabougrit la race, il
étiole les muscles, il anémie les individus et réduit les peuples qui boivent, à
la taille du général Tom-Pouce.

C'est aller trop loin. C'est au contraire
la houille de la machine humaine ; c'est
lui qui est la force du faible, la joie du
pauvre ; il donne à des millions de déshérités l'oubli du moment et l'espérance

d'un lendemain meilleur. L'alcool est le chloroforme des amputations morales. Espérons que cela fera distraction à nos grands savants et calmera notre frayeur exagérée des microbes, car si tous ceux qui avalent des microbes, même dangereux, en mouraient, il y aurait belle lurette que la terre serait dépeuplée. Microbes de l'air, microbes de l'eau, chacun de nous en a aspiré et bu, par milliards. Il n'y a décidément de sécurité nulle part pour nos infortunées entrailles.

Vous savez ce qu'on a dit du génie : il est, paraît-il, le comble du développement ou du détraquement intellectuel, ce qui justifierait le proverbe qui prétend que les extrêmes se touchent.

Mort de faim. — La société actuelle avec son échafaudage de mensonges et d'anomalies a tellement déformé le cerveau des travailleurs, qu'ils crèvent de faim à côté des richesses dont ils sont les producteurs.

Un exemple :

Où cela s'est-il passé? à quelques lieues de Paris.

Et quelle est la victime ? un ouvrier, qui a cherché en vain du travail dans tous les coins du département, qui a épuisé ses dernières forces pour aller offrir ses bras; partout rebuté il est tombé d'épuisement avant d'avoir regagné son triste « chez lui » et a rendu le dernier soupir sur un chemin, et cela au milieu d'une société qui se vante d'être civilisée, d'être démocratique, où l'on entend dire sérieusement : » Le travail mène à tout. » Oui, à tout, même à la mort la plus cruelle de toutes, à la mort par inanition.

Quelle émotion pour l'homme qui voit son heure sinistre à l'horloge du destin? Il n'y a pas de mots dans les langues pour l'exprimer, cela fait sauter les larmes des yeux.

Alors quoi ! que faire ? Il y a pourtant quelqu'un de responsable et ce quelqu'un c'est tout le monde, ou, si l'on veut, l'organisation sociale qui ne sait ni procurer du travail à qui en cherche, ni donner du pain à qui en manque.

Je ne dirai rien de la mort volontaire de ceux qui en viennent là, car il me paraît impossible de les blâmer, professant la plus douloureuse admiration envers ceux qui, héroïquement, tirent leur révérence à une société qui pour eux fut marâtre. Ceux-là tranchent de haut le problème et se fichent de la philosophie, ce qui encore est le seul moyen de se montrer philosophe.

Mais la mort, la mort dans les masses profondes est une infinie, passive résignation qui fait supporter patiemment, sans même une pensée de révolte, les

surmenages déprimants, l'insuffisance
d'alimentation. Parcourez le monde
travailleur et vous verrez que c'est la
maladie du besoin, mère de toutes les
maladies classées par la science, qui
fournit le gros des décès quotidienne-
ment enregistrés, d'où cette conclusion
sociale et médicale :

« Moins de misère et plus d'hygiène. »

Combien de temps cela durera-t-il
encore ? On ne sait. Peut-être un siècle,
peut-être six mois. On peut se promener
toute la vie auprès d'un baril de poudre,
une minute suffit pour qu'il éclate.

Que MM. les propriétaires mettent le
nez à la fenêtre et qu'ils écoutent les
destructeurs de tout ordre social, ayant
toutes les audaces. Ils veulent, paraît-il,
aviser aux moyens de mettre à la charge
de l'État les vieillards et les enfants sans
famille et sans ressources.

N'est-ce pas inique de prendre pour

les soulager, l'argent qu'un bon, beau, gras propriétaire touche de ses loyers, sans quitter son fauteuil ?

Qu'ils se souviennent que la terre, n'ayant été créée par personne, ne peut être monopolisée par personne. La propriété du sol est une chose monstrueuse; le temps ne peut l'avoir rendue juste (pas plus que le temps ne peut justifier l'esclavage).

A toi législateur de faire renaître le sentiment de l'Espérance ; fais qu'à l'âge où les années ne comptent plus, alors que le corps s'est figé dans la vieillesse ; fais que tout Français des deux sexes, âgé de 60 ans, soit assuré d'une retraite qui lui permette de vivre sans avoir recours à l'aumône.

Pour cela que faut-il ?

Il faut que ceux dont le cœur bondit en présence des déshérités usent de tous les moyens à leur disposition pour détruire au plus tôt l'affreuse exploitation de l'homme par l'homme, et qu'ils consacrent toute leur énergie à la solution de ce grand problème.

Mais il y a tant d'hommes qui devant un acte d'abnégation et de dévouement, n'ont jamais su que hausser les épaules en souriant et auraient pu dire : A-t-on vu un imbécile comme ce Jésus-Christ, ce nigaud qui pouvait vivre si aisément de son état, et qui s'amuse à se faire mettre en croix ? A quoi cela servait-il aux martyrs de se faire écorcher et brûler ? — C'est pourtant à ces insensés-là que l'humanité doit tous ses progrès. Un souvenir à eux. Ils sont morts pour vous....

C'est l'esprit de fraternité qui développe peu à peu la prospérité sociale, l'égoïsme n'étant qu'un esprit de mort et de néant.

Et toi, lecteur, qui que tu sois, si tu

es un « homme », si chaque sentiment
se traduit chez toi par un acte de volonté, si la bête en toi n'a pas tué l'être
intelligent, si ton âme n'est pas singu-
lièrement étroite et ton instinct aplati
comme celui des bourgeois, tu trouve-
ras comme nous que de même qu'il
faut un remède à la maladie, de même
il faut une réforme à notre triste civili-
sation moderne.

Pour l'obtenir il n'y a qu'un moyen ;
toute liberté n'a été conquise que par
la force et la révolution, ce sont
là des vérités historiques indiscuta-
bles.

M. Frère Orban n'a-t-il pas dit un
jour : « La force est l'accoucheuse des
sociétés ? »

Hoche disait aux soldats de sa com-
pagnie :

« Le bonnet rouge est notre drapeau. »

Quant à nous, que l'on appelle les

« barbares modernes », ce que nous voulons, c'est la justice pour tous. Scélérats que nous sommes, nous demandons pour tous ceux qui naîtront : du pain, et la marche en avant !

Une société qui ne saurait penser à la misère mériterait d'être réduite en poussière par les bombes de l'anarchie.

Mais aujourd'hui un peuple qui a le droit de faire, par ses mandataires, la loi qui règle les rapports des citoyens entre eux, n'a pas le droit de demander à la violence la satisfaction de ses besoins.

Encore peut-on excuser un soulèvement produit par un excès de misère, une émeute qui est une explosion de besoins que les dirigeants se montrent trop lents à satisfaire.

Le Mans. — Typ. Ed. Monnoyer. — Déc. 92